ワンランク上をめざす保育者のために

すぐできる
かんたん遊びを
100倍
楽しむ本

木村 研
[編著]

いかだ社

はじめに

ボクは、児童文学者・手づくりおもちゃ研究家のほかに『あそびの名人』と紹介していただくことがあります。それは、月刊クーヨン特別編集『あそびの名人12人』（クレヨンハウス刊）の中に加えていただいたからでしょう。

その本の中で、12人が『それぞれのあそびの哲学』を書いています。もちろんボクも書きました。

しかし、ボクは、ほかの人のようにたくさん遊んでいるわけでも、遊びを多く知っているわけでもありません。それどころか、ゴロゴロしているほうが好き、という怠け者ですから、ボクなりの『遊びの哲学（？）』を書きました。

一部を引用（少し加筆しています）してみます。

『ボクは〈あそぶ〉ということを大事にしています。児童文学でいうなら〈こころがワクワクすること〉をしたい、ということになるんでしょう。それなら怠け者のボクも『あそびの名人』かもしれませんね。なにしろ、ゴロゴロしていても、ポーッとしていてもこころが楽しんでいるのですから』

というようなことを……。

ボクが〈遊ぶ〉ということについて考えるようになったのは、幼稚園か保育園に行ったときに、「うちの子は、みんなと遊ばないから心配だわ」というお母さんと、「うちの子は遊んでいるから心配ないわ」というお母さんがいて、「心配だわ」というお母さんに、「今、集団に入るチャンスをうかがっているのかもしれませんね。それなら、きっとこころがドキドキしているでしょう。それなら遊びに参加している、といってもいいんじゃないでしょうか」といったときに、ボク流の“遊びのルール”ができたように思っています。

そして、「遊んでいる」といったお母さんには、「本当に自分の意志で遊んでいますか？　もし、お母さんの指示で遊んでいるのなら、こころは楽しんでいないのかもしれませんよ。そのときは、簡単に安心しないほうがいいかもしれませんね」と、ちょっと脅したように記憶しています。

つまり、どちらのお母さんも、お母さんの見た目の「遊び」であって、子どもの「こころ」のことは考えていない。そう思ったんですね。

それから、ボクは、『こころが楽しむ』ことを『遊ぶこと』と決めたように思います。

『保育遊びを100倍楽しむ本』は、『子どものこころが100倍楽しめる』本といっていいでしょう。

こころが楽しむためには、いつでもどこでも遊べなくてはいけません。園庭や室内だけでなく、散歩中やバスの中でも遊べるものがないかと考えてみました。

ボク自身、散歩中に遊ぶなどとは考えていませんでした。しかし、道路で駆け回って遊ぶのではなく、逆に安全に散歩するための遊びはできないものかと、発想を変えてみたわけです。

散歩のときには、注意することがたくさんあります。その注意することを「遊びにしたら」、と思ったら『一列になるための遊び』や『手をつなぐ遊び』がつぎつぎに浮かんできました。できてみると、どれも『便利』な遊びばかりです。

ほかにも、集合することを遊びにしたり、ゴミ拾いを競争にしてしまいました。

すると、どの遊びも保育者にとって『100倍楽しむ遊びの本』になったような気がしています。

本書は、年齢の目安もつけていますが、遊ばせる保育者の力量や、繰り返し遊んだ経験によっても変わってきます。新しい遊びのルールを考えたり、工夫していくと遊びは無限に広がります。

保育者が豊かな『遊ぶこころ』をもっていれば、生活のすべてが『遊び』になり、子どもたちのこころも豊かになることでしょう。

本書が、保育者の『遊びごころを楽しくする』のに役に立てば、と願っています。

2005年3月

木村　研

目次

散歩遊び

園庭・公園遊び

室内遊び

水遊び

草花遊び

バスの中の遊び

バス待ちの遊び

乗降時の遊び

散歩遊び

●散歩に行くときは、列の前後（できればまん中にも）に保育者が入り、子どもどうし手をつないで一列になって歩くようにしましょう。

●散歩コースでは、よそ見をしたり、走り回ったり、ふざけたりしないように、言葉がけや目配りをしたいものです。

●野外に出るときは、あらかじめポケットやリュックにフィルムケースやビニール袋を入れておくと便利です。

●散歩にでるときには、長いタオルや手ぬぐいを持っていくと、目かくしやひもとしてつかえます。野外の遊びは、身につけているものを上手に道具にしてつかいましょう。

4歳 5歳

1 お散歩地図をつくろう

遊び方

●あらかじめ散歩コースや園庭、園内の地図をつくって人数分コピーしておきます。

①地図を持って散歩にでかけます。
②カブト虫を見つけた木やセミのぬけがらがついていた木、おたまじゃくしの池、花の咲いている場所、なかよしのイヌやネコのいる家など、散歩途中で目にしたものを絵で地図にかきこんでいきましょう。

応用

●１人ひとりの地図が完成したら、教室などに貼ってみんなで見ましょう。
●家の周りや園までの絵地図もつくってみましょう。それを全部合わせると、園周辺の大きな地図の完成です。

3歳 4歳 5歳

②カルガモ散歩

遊び方

①保育者（お母さんガモ）は中腰になり、向かい合うように子どものカルガモと手をつなぎます。２人目の子どもは、前の子どもの体につかまって1列になります。

②保育者は「カルガモ散歩は、よちよち歩く。かあさんといっしょによちよち歩く」と、リズムをとりながら、体をゆすって歩きます。

③保育者は、途中で「止まりまーす」「右に曲りまーす」と、歩いたり止まったりすると、子どもたちも止まったり、離れたり……。

応用

●安全な道や公園なら、しゃがんで『カルガモ散歩』をしましょう。

(1) 4、5人のチームをつくり、リーダーを１人決めます。

(2) リーダーは、中腰になって手をだします。残りの子どもたちはしゃがんで１列になり、先頭の子どもがリーダーの手をつかみます。

(3) スタートの合図でリレーをしたり競争をします。

●広い公園や園庭なら、チームに分かれて「カルガモリレー」をしましょう。

はい　右にまがりまーす
ガァ
ガァ
ガァ
ガァ
スピードあげまーす
わあ　はやい

4歳 5歳

3 お散歩しりとり

遊び方

①散歩にでかける前に、保育者が「お散歩しりとり、今日は○○○」と、最初の言葉をいいます。
★注★最初の言葉は、つぎにつながりやすい言葉を選びましょう。
②道ぞいにあるものでしりとりしながら、目的地まで行きましょう。

応用

●2チームに分かれ、交互に答えながら歩きましょう。なかなか続きがでないようなら、コースをかえたり、保育者が助け船をだしてあげましょう。

3歳 4歳 5歳

④ 手つなぎ電車

遊び方

①手をつないで1列になります。はじめは保育者が運転士（先頭）と車掌（最後尾）になりましょう。

②途中で、運転士を交代しましょう。ただし、保育者は常に2番目にいて、運転士のサポートをしましょう。

応用

『交替電車』

●広い公園や園庭なら、3～5人でつながって（前の人の肩に手をおく）電車をつくり、自由に走り回りましょう。

保育者の合図（笛）で、先頭の子が最後尾につき、2番目の子が先頭になり、また電車として走りだします。これを繰り返して遊びます。

4歳 5歳

⑤ まんいん電車

遊び方

●あらかじめ、長いひもに子どもの人数分のつり輪（ひもだけでもよい）を下げておきます。

①保育者がひもの前後（間にも入れるとなおよい）を持ち、子どもたちを電車に乗せます。
②子どもたちはつり輪につかまり、園内を一周してから電車を走らせて散歩に出発します。

応用

『お乗りはお早く』
●いすとりゲームの電車遊び版です。
　つり輪(ひも)をつけた電車の前後を持った保育者が、園庭に散らばった子どもたちの間を走り回ります。
　保育者の合図で、子どもたちがかけ寄ってつり輪につかまり(電車に乗せる)、園庭を一周します。
　お客さんを降ろしたら、また同じように走ります。

3歳 4歳 5歳

⑥ 音探し

遊び方

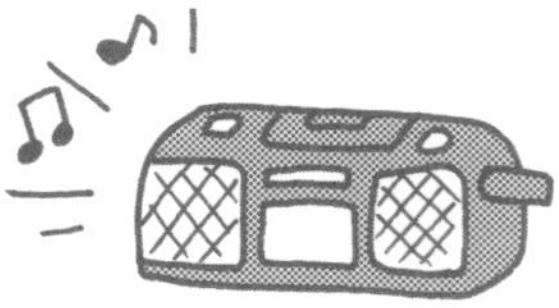

①テープレコーダーを持って散歩（園庭でも）にでかけ、「イヌの鳴き声を入れましょう」などと、子どもたちと確認しながら音を集めましょう。

②園にもどったら、テープを聞きながら、「なんの音？」と『音のあてっこ』をしましょう。

応用

●あらかじめ、テーマを決めて保育者が音を集めておき、あてっこをしましょう。

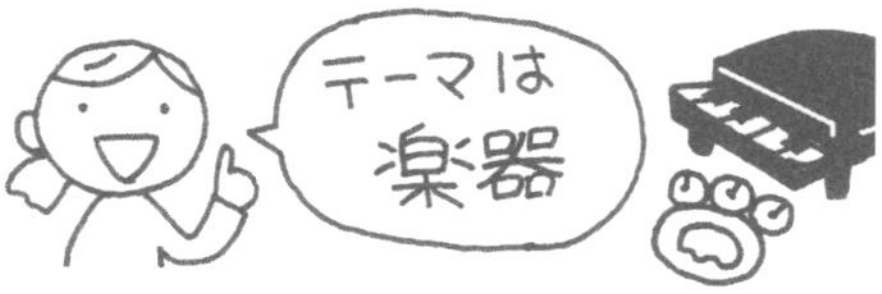
テーマは
楽器

何の音かな？
ブブーッ
?

4歳 5歳

7 虫・むし探検隊

遊び方

●あらかじめ虫のカード（p.91の型紙をつかいます）をたくさんつくっておきましょう。

①保育者は、遊ぶ前に、虫のいそうな場所（虫の嫌いな子でもすぐに気づくところ）にカードをかくしておきます。
★注★草むらの中、木や遊具のかげにガムテープで貼っておくとよい。
②保育者の「虫探しはじめ」の合図で、虫探しをしましょう。たくさんとった（カードを集めた）人の勝ちとします。

応用

●カードの絵は子どもたちがかいても楽しいですね(虫でなくてもかまいません)。
●点数をつけて、チーム対抗で点取りゲームをしましょう。

どこだろ
あった！
いっぱい
あつまったぞ

4歳 5歳

8 木の実のビンゴ

遊び方

●いろいろな木の実をたくさん（複数）ひろってから遊びましょう。1種類1個は別にしておき、残りの木の実はひとまとめにしておきます。

①地面に、3×3のビンゴカード（ひとマスに木の実が1個入る大きさ）をかきます。
②保育者の合図で、子どもたちはビンゴカードのマスに集めた木の実の中から好きなものを1個ずつおきます。同じものでもかまいません。
③準備ができたら、保育者は木の実を見せながら、木の実の名前を1ついいます。子どもたちは、ビンゴカードの中に同じものがあったらその実をとります。
④同じことを繰り返し、早く縦・横・斜めのいずれかの実がなくなったら、大きな声で「ビンゴ」といいましょう。
⑤全員が終わったら、また同じように木の実を並べて繰り返します。

応用

●室内では、あらかじめビンゴカードをつくっておき、「動物」「花」「食べ物」なとの絵をかいてやってみましょう。
●年長児は、5×5などマス目を増やしましょう。

9 落ち葉かるた

3歳 4歳 5歳

遊び方

①同じ種類の落ち葉を2枚(もっと多くてもよい)用意して、1枚ずつを保育者が持ち、ほかの落ち葉は地面にばらまきます。
②保育者が落ち葉の名前をいいながら「これよ」と見せ、子どもたちは、同じ落ち葉を探します。多く探した子の勝ちとします。

応用

●同じ種類の葉だけの場合は、油性ペンで葉に子どもの絵や名前をかいてばらまき、子どもの名前をいいます。幼児なら本人にとらせます。年長児の場合は、かるたで遊び、多くとった子の勝ちとします。

3歳 4歳 5歳

10 落ち葉の魚つり

遊び方

●ガムテープを逆まきし、たこ糸をつけたつりざおをつくっておきます。
●いろいろな落ち葉を集め、種類別に魚と魚でないものを決めておきます。

応用

●魚に油性ペンで点数をかいておき、得点の多いい子の勝ちとします。
★注★この場合は魚(葉)は伏せて置いておきましょう。

①大きな円をかき、落ち葉を中央に集めておきます。
②ジャンケンなどで順番を決め、勝った子から魚つりをしましょう。
　最初に決めておいた、魚以外の葉をつったらアウト、次の子と交代しましょう。

これを
つってくださーい
よーし
ありゃっ
まちがえた！

ハイ
これよ！
これ？
あった！

4歳 5歳

⑪ 落ち葉の大玉リレー

遊び方

①ビニール袋に落ち葉をつめて大きなボール（子どもが持てる大きさ）をつくります。
②全員が輪になって座り、バンザイのように手をあげます。
③保育者があげた手の上にボールをおき、子どもたちは、頭の上でボールを後ろに後ろに送っていきます。
●落としたらひろって続けます。

応用

●１列になって、チーム対抗でボール送りをしましょう。早く最後の人まで送ったチームの勝ちとします。
●もっと大きなボールをつくり、『大玉はこびリレー』しをしましょう。

4歳 5歳

⑫ あぶない振り子道

遊び方

①１mほどのひもをつけた大きなボール(落ち葉入り)を３～５個つくり、間隔をおいて、長いロープにつりさげます。
②保育者が、振り子のように、左右からボールを交互にゆらします。
③子どもたちは、順番に振り子のボールに当たらないように通り抜けます。

応用

●相手チームがひものついたボールをゆらすようにして、チーム対抗でやってみましょう。

園庭・公園遊び

●屋外で遊ぶときは、まず、石ひろいや草むらの安全チェック。石ひろいなどは、保育者のアイディアで、子どもたちと競争でやってもいいですね。

●広い場所で遊ぶときは、笛などを用意しておくと、注意するとき、集合させるときに便利です。もちろん、ゲームや遊びにもつかえます。

●屋外に行くときは、ペットボトルに水を入れて持っていきましょう。飲料水としても、万一、怪我をしたときなど、傷口を洗うこともできます。

●チームやペアになる遊びをすると、集合させるときにも便利ですし、人数も把握しやすいですよ。

●広い場所でも子どもが走り回ると、ぶつかることもありますので、十分注意が必要です。

4歳 5歳

1 ミノムシ競争

遊び方

①1チーム3人で2チームつくり、全員が上着をぬいで1か所に集めておきます。
②各チーム5mから10mほど間をおき、向かい合って立ちます。
③順番を決めて、1番前の子からスタートします。1番走者は、全員の上着を全部着こんで走り、2番走者の前で全部脱ぎます。
●このとき、ボタンはとめなくてもよいことにしましょう。

2番走者は同じように上着を着て走り、3番走者へ……とリレーしていき、早くゴールインしたチームの勝ちとなります。

応用

●人数を増やしていくと、着こむ服も多くなるのでさらに楽しくなりますよ。

ぬいで
ぬいで
はやく
はやく
ふー
ふー
がんばれー

4歳 5歳

② ウサギ・カメ・ゴリラレース

遊び方

●ウサギ・カメ・ゴリラの３枚のカード（p.92の型紙をつかいます）をつくっておきます。

①はじめにウサギとカメとゴリラの走り方を決めて練習しておきます。

（例）

●ウサギは、両足でピョンピョンと両足で飛び跳ねる。
●カメは、四つ足で歩く。
●ゴリラは、両腕を前にたらし腰をかがめて横に走る。

②スタートとゴールの中間に、３枚のカードを伏せておきます。
③「スタート」の合図で、３人がカードのある場所までかけだし、カードにかいてある動物の走り方でゴールまで行きます。
④早くゴールに入った子の勝ちとします。

応用

●３チームに分かれてリレーをしましょう。
　カードを多めに用意しておくと、スムーズに進行できます。

③ ものまねリレー

4歳 5歳

遊び方

①みんなで丸く輪になって座ります。
②手拍子をしながら、保育者がだれか1人（決めておいてもいい）を指名します。
　指名された子は輪の中央にでて、ものまね（動物や食べるまね。キャラクターやおかしな格好など自由に）をしながら踊って、座っているだれかの前に立ちます。
③前に立たれた子は急いで中央にでて、同じ格好（ものまね）で踊ります。
　最初の子はあいた席に座って、みんなと手拍子をします。
④全員が終わったら（時間をみはからって終了してもよい）、保育者の合図で全員がいっせいにとびだして同じように踊りましょう。

4歳 5歳

④ あんよはじょうず

遊び方

●あらかじめ回るコースを決めておきます。

①５・６人のチームをつくり、各チーム１人リーダーを決めます。残りの人はしゃがんで、前の人のか肩に手をおいてつながります。
②保育者の「スタート」の合図で、各チーム先頭の子は、両手でメガネ（双眼鏡）をつくり、リーダーのリードにそってコースを進みます。
★注★早くコースを回ったチームの勝ちとしますが、競争にしなくても楽しめます。

応用

●メガホンを用意しておき、顔に大きいほうを当てて、小さい穴から前を見てレースをしてみましょう。

応用

●ジェスチャーでなくても、自由な踊りをして交代してもいいですね。
●人数の多いときは、２人一組になってやってみましょう。

4歳 5歳

5 手つなぎオニ

遊び方

①最初に1人オニを決めます。
②保育者の合図でほかの子どもはいっせいに逃げ、オニは追いかけます。つかまった子は、オニと手をつないで2人でオニになります。
③同じようにして、手をつないだままオニがどんどんふえていきます。
④全員をつかまえたら、またオニを決めて最初からはじめます。

応用

●オニを2人にしてやってみましょう。
　2チームのオニがどんどんふえていくから逃げるのも大変ですよ。

⑥ フェイントオニごっこ

遊び方

●子どもたちは手をつないで保育者を囲み、『むすんでひらいて』の歌にあわせて遊びます。

①・『むすんで』と歌いながら、手をつないで円の中心によっていきます。
・『ひらいて』で後ろにさがります。
・『手をうって』で手をたたきながらまた、円の中心によっていきます。
・『その手を……』で、保育者は「オニだー!」といって、頭に手で角をつくります。
②ここから、普通の『オニごっこ』をはじめます。
●保育者は「オニ」の部分で「オニギリ」「おしり」など、フェイントをかけましょう。

応用

●子どもがオニになり、つかまった子がつぎのオニになって遊びましょう。

3歳 4歳 5歳

7 友だちタッチ

遊び方

①保育者の合図で、子どもたちはいっせいに散らばります。
②様子を見ながら、保育者が「今日のお友だちは○○ちゃんでーす」といい、ほかの子は、その子を探したり、追いかけて握手をします。
●名前をいわれた子は、じっとしていても逃げてもかまいません。
③全員が握手したのを確かめてから、「つぎのお友だちは……」と、ゲームを続けます。

応用

●友だちの名前を2人、3人と多くしていき、早く全員と握手した子の勝ち、というゲームにも発展できます。

4歳 5歳

⑧ しっぽとりゲーム

遊び方

①持っているハンカチかタオルをつかいます。
②保育者がハンカチ(タオル)を腰にしっぽのようにつけ、「しっぽとりよ」といって逃げます。
③子どもたちは、追いかけてしっぽをとります。とった子は、自分がしっぽをつけて逃げ、ゲームを続けます。

応用

●全員がしっぽをつけて、みんなでしっぽとりをします。とられた子はその場に座り、いちばんしっぽを多くとった子が勝ちになります。
●後で間違わないようにハンカチには名前をつけておきましょう。ハンカチがない場合は、紙テープを切ってしっぽにしてもいいですよ。

4歳 5歳

⑨ 親子探しゲーム

遊び方

①「かえる」と「にわとり」と「とんぼ」の親子のポーズを決めます。

(例)

・かえるの親は、ピョンピョン両足でジャンプして動ける。
・かえるの子(オタマジャクシ)は、手だけを動かせる。
・にわとりの親は、羽をバタバタさせながら動ける。
・にわとりの子(ヒヨコ)は、小さな羽でよちよち動ける。
・とんぼの親は、羽をひろげてスイスイと早く動ける。
・とんぼの子(ヤゴ)は、うずくまっているだけで動けない。

②３チームつくり、それぞれ親子（親は１人、子は複数でよい）に分かれます。
③保育者の合図で全員自由に走り回ります。
④「親子探しはじめ!」で、全員がその場でストップし、それぞれのポーズをとりながら親を探します。
⑤早く子どもを全員探した親が勝ちになります。

応用

【親子探しレース】
①あらかじめ３枚（かえる・にわとり・とんぼ）のカードを用意し、子ども役も３人決めておきます。
②親が３人ずつスタートします。途中に伏せておいたカードをめくって、その動物になり、自分の子を探していっしょに（手をつなぐと子どもたちも走ってよい）ゴールまで走って行き、早くゴールした親子の勝ちとします。

4歳 5歳

10 タイムとおりゃんせ

遊び方

テープ

①ジュースの空きカン（口に危なくないようにガムテープを貼っておく）をたくさん用意しておきます。

② 4～6人ずつ2チームに分けます。
　ジャンケンして負けたチームは、スタートラインとカンをばらまいておいた中間あたりで向かい合ってトンネル（上で手をくむ）をつくります。

③スタートの合図で、トンネルをつくった人たちは「とうりゃんせ」の歌をうたいます。勝ったチームは、順番にスタートしてトンネルをくぐり、カンを積み上げます。

●ただし、歌が終わるとトンネルが降りてしまうので、もどれなくなったり、間にはさまれたらアウトとなり、役を交代します。
　また、カンを全部積み上げられたら勝ちになり、もう一度最初からできますが、カンがくずれたらアウトとなり交代します。

応用

●トンネルの長さを長くしてやってみましょう。
●時間を決めて、カン積みの高さを競争しましょう。

いきは よいよい ♪
♪ かえりは こわい〜〜〜
はやく はやく

4歳 5歳

11 勝手にバトンリレー

遊び方

ハンカチ

①バトンにするものを用意します(ハンカチなどでもよい)。

②保育者があらかじめ決めておいた場所を一周して、だれかにバトンを渡します。

③受けとった子は、同じように一周し、まただれかにバトンを渡します。

●何度も繰り返し、子どもたちが「疲れた」というまで続けます。

応用

●バトンの数を増やして遊んでみましょう。

つぎは
ボクだよ

4歳 5歳

⑫ 陣とりリレー

遊び方

①園庭に一周20～50ｍくらいの円（四角でもよい）をかき、その円の外にスタートラインを引きます。

②子どもたちを２チームを分け、順番を決めて円の内側に並ばせ、スタートラインに向かい合うように１番走者が立ちます。

③スタートの合図で１番走者がそれぞれの方向にスタートします。

　つぎに２番走者がスタートラインに立って待ちます。

　スタートした２人は、コース内の出会ったところで止まってジャンケンをして、勝った人は、そのまま先に向かって走り、負けた人は、大きな声で「負けたー」といい、もどります。

④負けたチームの２番走者がすぐにスタートし、同じように、ぶつかったところでジャンケンをします。

●この繰り返しで、早くゴール（スタートラインと同じ）にかけこんだチームの勝ちとします。

応用

●池の回り、花だんの回り、長い平均台の上など場所を変えてもいいですね。

ガンバレー
出会ったところで
ジャンケンよ！

3歳 4歳 5歳

13 逃げるゴールイン

遊び方

①子どもたちをスタートラインに並ばせて、保育者は後ろ向きに走りながら、「ヨーイ、ドン」と合図します。ゴールは保育者です。

②子どもが走ってきたら、保育者は年齢に応じて速度を変えてみましょう。

子どもが飛びこんできたら、ゴールインです。飛びこんできた子を抱きしめてあげましょう。

応用

●年長児なら、走る距離を長くしたり、フェイントをかけたりしてゴール(保育者)が動いて逃げましょう。

3歳 4歳 5歳

14 忍者の修行

遊び方

●「忍者は、長いひもを腰につけて、それが地面につかないように走って、速く走る練習をしていたらしいわ」などと、話してから遊びをはじめるといいですね。

①長い紙テープを子どもの腰につけて、先が地面につかないように走ります。

●テープが地面につかないように園庭を一周できたら、長いテープに交換してあげましょう。

応用

●全員が、長い紙テープを腰につけて、テープふみのオニごっこをしましょう。

　紙テープをふまれて、テープが切れたらアウト。最後まで残った子の勝ちとします。

●毎日、修行すると本物の忍者になれる……かも？

15 つながり電車ジャンケン

遊び方

①全員が園庭に広く散らばり、それぞれが電車になってかけ回ります。
②保育者の合図でそれぞれ相手を見つけてジャンケンします。
●相手の見つからない子はそのままでもよい。
③負けた子は勝った子の後ろに回り、肩に手をおいてつながり、２人電車になって園庭をかけ回ります。

　また、保育者の次の合図で、出会った先頭の子どうしがジャンケンし、負けたほうが勝ったほうの後ろにつながります。これをどんどん繰り返して長い電車にしていき、２チームになるまで続けます。

④２チームは、大きく園庭をかけ回り出会ったところで向かい合います。

　保育者が先頭の２人を紹介してからジャンケンの勝負をします。

⑤負けたチームは勝ったチームの後ろにつながって、全員が１つになります。

　園庭の隅々まで走って電車ごっこを楽しみましょう。

応用

●散歩の前にやって、長い電車のまま散歩に行くのもいいですね。
●室内なら、後ろにつながるとき、勝ったチームのまたの下をくぐってからつながるのもおもしろいですよ。

⑯ あっちこっちのつながり競争

遊び方

①３人ずつが手をつないでチームをつくります。
②それぞれスタートラインに並び、保育者の合図でゴールに向かって走ります。
③保育者の合図で手を離し、その場で３回グルグル回って、またみんなで手をつないでゴールに向かって走ります。
●あわてると、どの向きに手をつないでいるかわからなくなるので気をつけて。

応用

●回転するとき、目をつぶって回転してみましょう。もっと難しくなりますよ。

4歳 5歳

17 見えない糸のたこあげ

遊び方

①２人でチームをつくります。
②保育者の合図で、１人がたこになり、もう１人が糸をひいて（ひくまね）たこあげをします。
●糸をひいたりのばしたりし、それに合わせて、たこもじょうずに動きましょう。

応用

●みんなでやって、たこあげコンクールをしましょう。
　じょうずにあがったたこは、みんなの前で再度やってもらいましょう。

3歳 4歳 5歳

18 みんなで花火大会

遊び方

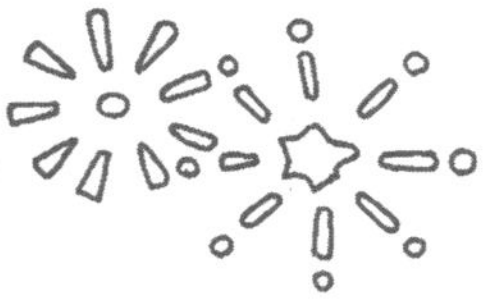

①チームをつくり、みんなで人間花火になってコンクールをしましょう。
「ドーン!」という、子どもたちの効果音もポイントになります。
みんなで審査して、優勝チームを決めましょう。

応用

●『夏祭り』『給食』『ワールドカップ』など、チームごとにテーマを決め、連続して花火をしてみましょう。

4歳 5歳

19 祭りだワッショイ！

遊び方

①全員で手をつないで大きな輪をつくります。
②保育者が手拍子をしながら「ワツショイ！ ワッショイ！」とかけ声をかけ、それに合わせて子どもたちも「ワツショイ！ ワッショイ！」と、その場でリズムをとりながら足ぶみをします。
③この繰り返しを何度もしてから、同じリズムで保育者が「回って回って」「かついでかついで」「ひっぱれひっぱれ」「もどってもどって」「小さく小さく」「大きく大きく」など、かけ声をかけ、子どもたちは、指示どおりに体を動かします。

応用

●5、6人でチームをつくり、何チームかで競ってみましょう。

ワッショイ ワッショイ
ワッショイ
ワッショイ

4歳 5歳

⑳ くつのダーツ

遊び方

①園庭に３重から５重の円をかき、点数を決めておきます。

●内側の小さい円ほど点数を高くします。

②ダーツの円から少し離れたところに小さな円をかき、その中に入って片方のくつをダーツの円に向けて投げ入れ、点数を競います。

応用

●砂場などでやる場合は、くつの代わりに小量の水を入れた小さめのペットボトルをつかってもいいですね。

えい!
さあ はいるかな?
100
50
30
10
0

3歳 4歳 5歳

21 ふうせんリレー

遊び方

●ビニール袋に空気を入れたボール2個を用意します。

①2チームに分かれ、手のひらの上にふうせんをのせて、園庭を一周します。
②ふうせんが落ちたら、落としたところからやり直します。最後のランナーが早くゴールしたチームの勝ちになります。

応用

●水を入れたふうせんでやってみましょう。
※落として水が出てしまうことも考えて、ふうせんは多めに用意しておきましょう。

室内遊び

●室内では、抱きしめたりくすぐり合うようなふれあい遊びがいいでしょう。本書には、保育者が子どもとなかよくなるための遊びや、子どもどうしがなかよくなるための遊びを紹介しています。

●雨の日など、室内で思いきり遊びたいときもありますよね。でも、そんなときは、反対に緊張感あふれる遊びを提案します。

●室内では、遊んだ後の片づけもゲームにするといいですね。遊びにつかった段ボール箱も最後は新聞紙のボーを入れてそのまま片づけられます。

●室内では、本書で紹介している遊びにつかうカードをみんなでつくったり、おもちゃづくりをしましょう。

3歳 4歳 5歳

1 おサルの赤ちゃん

遊び方

①保育者がよつんばいになり、「おサルの赤ちゃんになりたい子」と聞きます。「なりたい」という子が多い時は、順番に並ばせましょう。

②保育者は「どうぞ」といい、子どもは保育者のおなかの下に入って、首に手をまわし、体に足を巻つけてしがみつきます。

●小さな子どもの場合は、ほかの保育者が落ちないように手をそえてあげまょう。

③保育者はよつんばいのまま室内をを一周し、つぎの子どもと交代します。

応用

●年少児の場合は「コアラの赤ちゃん」として、背中におんぶしたまま部屋を回りましょう。

●動物園などでサルの親子を見ると、いっそう楽しくできますね。

おサルの 赤ちゃん
どうぞー
しっか
キャ
つぎは
わたし！
キャッ キャッ
コアラの
赤ちゃん
いきますよー

②ミニバス「発車、オーライ!」

遊び方

①保育者は両足をそろえて前にだして座り、「ミニバスが発車しまーす」といいます。
②子どもたちが、「乗せて乗せて」と、足に乗ってきたら、「お乗りの方は、キップを買ってくださーい」といって手をだします。パチンと手にタッチした（キップ買ったことになる）子どもが足に乗ったら、「もう満員です。発車します」といって、足を右左に動かします。
③「右に曲がりまーす」「左に曲がりまーす」「今度はでこぼこ道でーす」といいながら、目的地をめざします。
④着いたら「お忘れ物のないように降りてくださーい」といって子どもを足から降ろします。
●つぎのお客さんを乗せて、同じように繰り返します。

応用

●疲れてきたら、みんなで「せーの」で横にごろんと寝ころんで休憩しましょう。

3歳 4歳 5歳

③ イモムシレース

遊び方

①前の子のおなかに手を回すように座って、３人～５人がつながります。

②保育者の合図で、床におしりをつけたまま、腰をずらせながら前に進みます。

応用

●スタートとゴールを決めて競争したり、リレーをしましょう。

●大勢でつながったまま、中腰になって『むかで競争』をしましょう。

3歳 4歳 5歳

④ アリさんのお散歩

遊び方

①「アリさんの散歩をしまーす」と宣言して、山になってくれる子を決めます。

●何人かが手をあげた場合は、ジャンケンなどで順番を決めましょう。

②山になる子を横に寝かせ、動かないようにいい、アリさんの散歩を始めます。

「アリさんのさんぽ　アリさんのさんぽ」とリズムをとるように歌いながら、アリが歩くように２本の指を動かして散歩を始めます。ほかの子どもたちも、歌いながら後に続きます。

③長い行列になって、横になっている子どもの回りを一周してから、「今日のお散歩は、○○（子どもの名前）山にのぼりまーす」といって、足からおなかを通って、腕から降りてきます。

④山（子ども）は、くすぐったくてもがまんをします。動いたら、「あれ、お山がうごいたぞ」などと話しながら散歩を続けます。

応用

●保育者もガリバー気分で山になりましょう。

●グループになって、大きな山をつくりましょう。

あーりさんの
さんぽ！
アレッお山が
うごいたぞ
・・・・・

3歳 4歳 5歳

5 お料理オニ

遊び方

①保育者が「今日はだれを食べようかな?」と、子どもたちを見回し、オニを決めます。
②オニは横になって寝そべり、ほかの子どもたちはオニを囲むように輪になります。
③子どもたちは、保育者の指示に従い、オニの体(おなか)の上でお料理をします。

「野菜をきざんでくださーい」　お腹の上でトントントンときざみます。
「フライパンに油をしきましょう」　おなかをさするように油をしきます。
「よーく、いためてください」　おなかをかきまわします。
「おいしい焼きそばができました。みんなで食べましょう」　体中をひっぱったりつまんだりしながら食べるまねをします。

●この間、オニは動いたり笑ってはいけません。
④オニを交代したら、また違うお料理をつくりましょう。

応用

●「カレーはどうやってつくるのかな?」など、遊ぶ前に料理方法を話し合ってみましょう。
●餅つき、そば打ちなどの料理にも挑戦しましょう。

よーく
いためて
ください
ジュー
ジュー
ジュワワ～
もうすぐ
できますよー

4歳 5歳

⑥ にらめっこジャンケン

遊び方

①あらかじめ、顔の表情で、グー・チョキ・パーを決めておきます。
（例）グー　怒った顔
パー　笑った顔
チョキ　おかしな（変な）顔

②保育者が「にらめっこジャンケン勝負！」と、子どもたちに勝負をいどみます。
「にらめっこジャンケン　ジャンケン　ポン」と、リズムをとって勝負をし、負けたら交代します。

●だれかが5人抜きをするまでやってみましょう。
●相手がチョキのとき、ふきだしたり笑ってしまうと負けになります。

応用

●保育者が相手になり、子ども全員とやって、最後まで残った子が勝ちになります。
●ポーズをつけて全身でやってみましょう。
●みんなでオリジナルのグー・チョキ・パーを決めてゲームをしましょう。

⑦ あいこジャンケン

遊び方

①友だちと会ったら、「あいこジャンケン」と相手に勝負をいどみます。
「あいこジャンケン　ジャンケン　ジャンケンポン」と、リズムをつけながら勝負し、どちらかが勝つと「まだまだジャンケン　ジャンケンポン」と、あいこになるまでジャンケンを繰り返します。
②あいこになったら「ボクたち気があうね」といって肩を組んだり、握手をします。

応用

●自分の顔などをかいた名刺をつくっておき、1人が1枚ずつ持って、相手を見つけ勝負します。勝った子は相手の名刺をもらえます。
　つぎつぎに相手をみつけてジャンケンを繰り返し、たくさんの名刺を集めた子の勝ちとします。

4歳 5歳

8 目かくしジャンケン

応用

●3チームでやってみましょう。なかなか勝負がつかないので、何度も手に触れることができ、スキンシップが深まりますよ。

遊び方

①子どもたちを2チームに分け、先頭が向かい合うように1列に並ばせます。
②まず、先頭の子どもどうしが目をつぶってジャンケンをします。
③目をつぶったまま、お互いに相手の手をさわって何をだしたか確かめ、勝った子は大きな声で「勝った！」といい、負けた子は、自分の列の後ろにつきます。
④勝った子は、つぎの子とジャンケンをします。
● 3～5人に続けて勝ったら、つぎの子と交代しましょう。

9 おなかジャンケン

3歳 4歳 5歳

遊び方

①保育者が大きめのトレーナーを着て両手を抜き、「おなかジャンケンしまーす」といいます。
②ジャンケンをする子どもは、トレーナーの左右の袖口から手を入れます。
③保育者はトレーナーの中でジャンケンさせます。2人の手首を持って勝ち負けを見分け、「○○ちゃんの勝ちー」と勝ち名乗りをあげます。負けた子は交代します。勝ち抜き戦をし、3～5人に続けて勝ったら、つぎの子と交代しましょう。

応用

●子どもたちが保育者のトレーナーを着てやってみましょう。

4歳 5歳

⑩ くすぐりジャンケン

遊び方

①5、6人の子どもが輪になって座り、保育者はまん中に立ちます。
②保育者対子ども全員でジャンケンをします。
③保育者は負けた子どもをくすぐり、勝った子どもは保育者をくすぐります。
●あいこの子どもたちはくすぐる子の応援をします。
④何度か繰り返したら、子ども対子どもでやってみましょう。

応用

●慣れてきたら2人で組になって遊びましょう。友だちとなかよしになれる遊びです。

11 新聞紙のボールのプール

遊び方

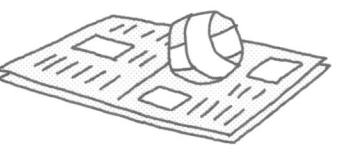

①大きな段ボール箱に、新聞紙を丸めてつくったボールをたくさんためておきます。

●ボールはセロハンテープなどでとめておくと、ひろがりません。

②箱のプールに入って、もぐったり、泳いだりして遊びます。

応用

●新聞紙のボールはいろいろな遊びにつかえます。段ボール箱ごと保管しておくと、後片付けも簡単ですね。

3歳 4歳 5歳

12 新聞紙の迷路

遊び方

①部屋いっぱいにすずらんテープを張りめぐらせて道すじをつけます。

②新聞紙の上部をすずらんテープに貼りつけて壁をつくり、迷路の部屋をつくります。

●すずらんテープは新聞紙の長さや床からの空き具合を考えた位置に張りましょう。

応用

●お化け屋敷にもつかってみましょう。

穴などをあけて、「バシッ」と手を出したり、たたいて音を出して子どもたちを脅かせましょう。

4歳 5歳

13 新聞紙のいかだレース

遊び方

①古新聞紙を用意します。1人が新聞紙２枚（半分の大きさのもの）を持ちます。
②部屋全体を海と見立てて、部屋のすみに宝島を設定します。
③海に新聞のいかだを浮かべて、２枚を交互に前に置き、宝島まで早くたどり着いた子の勝ちとします。

応用

●チーム対抗でリレーをしてみましょう。

4歳 5歳

14 新聞紙のそっとそっと探検隊

遊び方

①新聞紙を部屋いっぱいにしきつめておきます。
②「新聞をやぶらないように探検に行きまーす」といって、1列になって新聞紙の上を、ゆっくりゆっくり歩きます。途中、「ここから山に登りまーす」などと声をかけ、今度は山に登っているイメージで歩きます。

応用

●貼りあわせた新聞紙の下を通って『海底探検』をしましょう。
●保育者は、あらかじめ、新聞紙の下に宝物などをかくしておき、探したりするのも楽しいですね。

4歳 5歳

⑮ コニちゃんずもう

☆コニちゃんは、元大関小錦(現KONISHIKI)のイメージです。

遊び方

●あらかじめ新聞紙を丸めたボールを何個もつくっておきます。

①大きなトレーナー（保育者のもの）を２枚用意します。
②２人一組になります。
　まず、トレーナーを着て、すそをひもでしばり、みんなに手伝ってもらって、首の間からボールをぎゅぎゅうに詰め、おすもうさんのような体になったら始めましょう。
③保育者が行司になって、「はっけよい！」。すもうをはじめます。
●土俵は、危なくないようにみんなで丸い輪をつくって、その中で遊びましょう。

応用

●トレーナーを何枚か用意しておき、勝ち抜き戦をしましょう。
●チーム対抗の団体戦をしましょう。

どっちもまけるなっ
こーい！
だあっ
がんばれーっ

4歳 5歳

16 あばれ獅子

遊び方

①2人一組でチームになります。
②「あばれ獅子はじめ！」の合図で、1人が獅子頭、もう1人が後ろについてしっぽ（後足）になり、獅子舞のように力強く踊ります。
●合図（笛などでもよい）で交代して1チームずつ踊りましょう。どのチームがじょうずに踊れたか、コンテストなどをやってもいいですね。

応用

●獅子頭をつくったり、笛や太鼓で演奏（お囃っぽく）しながらやってみましょう。

4歳 5歳

17 逃げる玉入れ

遊び方

①新聞紙のボールをたくさんつくります。
②オニを1人決めます。オニは腰に紙袋をひもでしばりつけておきます。
③全員がボールをもって、部屋じゅうに散らばります。
　スタートの合図で、オニを追いかけながら、紙袋に向かって玉を投げ入れ、オニは、玉を入れれないように逃げ回ります。
●入らなかった子のボールを拾って入れてもOK。
④時間を決めて終了の合図をします。
●交代でオニになり、玉が入った数が少なかった子(オニ)の勝ちとします。

応用

●チーム対抗でやってみましょう。各チームに1人ずつオニを決めて玉入れをしましょう。
　多く玉を入れたチームの勝ちとします。チームが多いときは勝ち抜き戦にしましょう。

4歳 5歳

⑱ 目かくしボーリング

遊び方

①子どもたちは手をつないで、大きな輪をつくります。
②保育者はオニになる子を決め、オニに目かくしをして輪の中心にいっしょに立たせ、トンと軽く背中を押します。
③オニはゆっくりと歩いて、誰かにぶつかるまで進みます。ぶつかったら「ストライク」です。
④当たった子が、つぎのオニになってゲームを続けます。

応用

●4、5人がピンになり、間隔をおいて立ちます。ボール役は目かくしをして、4、5m離れたところから、ボールに向かって進み、ピンに当たると得点になります。大きく外れて危ないようなら、保育者が軌道修正するかストップをかけましょう。

4歳 5歳

⑲ポンポン伝言リレー

遊び方

ポン ポン

①一列に並びます。

　保育者が、いちばん後ろの子の体を何か所か（肩とおしりなど）ポンポンとたたいて伝言をします。

②たたかれた子は、前の子に同じように同じ位置をたたいて伝言をします。

　つぎつぎに同じ伝言をして、いちばん前までいったら、前の子は保育者のところまでいき、保育者をたたいて伝言を伝えます。正しく伝わっていれば正解。間違っていれば最初からやり直します。

応用

●背中に文字や図形をかいて伝言遊びをしてみましょう。

ちゃんと
つたわってる
かな？
ポン
ポン

4歳 5歳

20 迷子のこねこちゃん探し

遊び方

●こねこのシールを用意し(p.92の型紙をつかいます)、絵の裏面に両面テープを貼っておきます。

①オニを1人決めます。オニ以外の人は丸くなり、オニが目をつぶっている間に1人がこねこシールを自分の手のひらに貼ります。

②オニが目を開けたら、『まいごのこねこちゃん』の歌をうたいながら手を打つように開いたり閉じたり（手をかくすように）します。

③オニは、だれがこねこちゃんシールを貼っているか探します。こねこちゃんを見つけたら交代しましょう。

応用

●全員のシール（裏に輪ゴムをつけておく）つくって、1つだけこねこにしておきます。絵で見分けるようにして同じように遊びます。

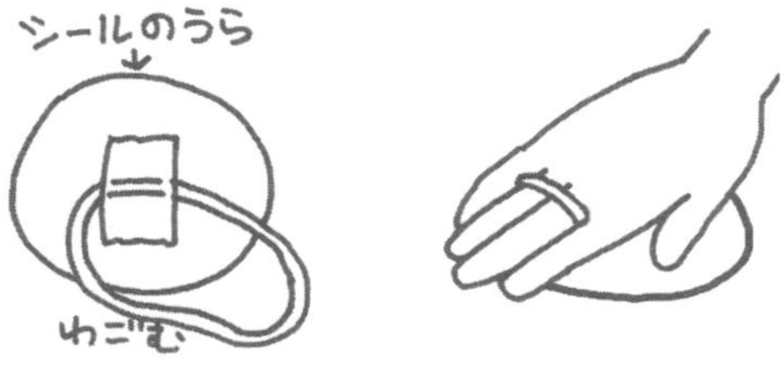

4歳 5歳

21 だあれBOX

遊び方

①大きな箱で「だあれＢＯＸ」(手の入る穴を2か所開けたもの）をつくります。

②オニを決めます。オニは目かくしをして穴から手を入れて、箱の中に入った子の顔にさわってだれであるか当てます。

★注★目をついたり、ぶったりしないように、やさしくゆっくりさわるように最初に注意しておきましょう。

③だれだか当たったら、つぎのオニと交代します。

応用

●大きな箱を用意し、何人かいっしょに入って、全員をオニに当てさせましょう。

3歳 4歳 5歳

㉒ たけのこ1本

遊び方

①わらべうたの『たけのこいっぽんおくれ』を歌いながら遊びましょう。
②保育者の合図で、子どもたちは『たけのこ』になり、ひざを抱えるようにして座ります。
③保育者は、子どもたちの上から見回しながら、「どれどれ、どのたけのこを食べるかな」「ふむふむ。こっちのたけのこがおいしそうだわ」と、品定めをしながら、「えいっ」と子どもの体を1本（1人）を上に引き抜きます。
④引き抜いたたけのこをかかえて、「やわらかくておいしそう。ムシャムシャ」と、子どもの体をくすぐりながら、食べるまねをします。
●つぎつぎに引き抜き、全部抜くまで続けます。

応用

●子どもたちは手をつないだりして抜けないようにがんばりましょう。
●年長さんの場合は、いもづる式に引き抜いたり、手を切って（離れさせて）引き抜きましょう。
　この場合は、列から引き出すだけでよい。

4歳 5歳

23 ごちそうジェスチャー

遊び方

①保育者が、食べる音などを入れたジェスチャーをし、何を食べているか当てさせます。
（例）麺類の場合は、「つるつる」などといってはしでそばを食べるまねをします。

②子どもたちが、「カップメン」「そば」「ラーメン」など、思いつくものをあげます。正解なら、保育者は「さあ、めしあがれ」とすすめましょう。

③子どもたちは、それぞれ答えたものをジェスチャーで食べます。

応用

●子どもが交代で出題しましょう。

●「むしゃむしゃむしゃ」「ぱんぱんぱん」「ぺろぺろぺろ」など、食べられないものがでてきても楽しいですよ。

これなーんだ
つるつるつるつる…
ラーメン！
わかった！
おそば！
うどん！
正解は『うどん』です
さぁ めしあがれ
いただきまーす
つるつる つるつる
ずず—っ
ごくんっ

4歳 5歳

㉔かくれんぼかるた

遊び方

●動物とその動物が好きな食べ物のかるた（p.92・93の型紙をつかいましょう）を用意して、部屋の中でかるたをしましょう。

①あらかじめ保育者が、部屋のどこかに食べ物カードをかくしておきます。
（例）座布団の下やおもちゃ箱の中。本箱や本の間に一部が見えるようにしておきます。
②保育者が、部屋の外で動物カードを見せながら、「この動物が好きな食べ物は何かな?」といいます。
（例）サルならバナナ、パンダならササの葉
③子どもたちは部屋に入って、その動物が好きな食べ物カードを探します。見つけた子は、大きな声で「あったよー」といって保育者に見せます。正解なら自分のカードとなります。
●数多く探せた子の勝ちとなります。

応用

●チーム対抗でやってみましょう。早く見つけたチームが勝ちになります。
●広告チラシを利用したり、子どもたちがかいた絵をつかってもいいですね。

水遊び

●水遊びをするときには、水着やぬれてもよい服装にしましょう。また、室内に水やぬれたものをもちこまないよう、遊ぶ前にきちんと説明しておきましょう。

●水遊びはお天気のよい日を選びましょう。遊ぶ前には、バスタオルや着替え、ぬれたものを入れるビニール袋を用意しておきましょう。

●園庭で水遊びをするときは、ほかのクラスの迷惑にならないように、あらかじめ了解をとっておきましょう。また、フリーの先生に頼んで写真を写してもらうとよいですね。

●あらかじめルールや遊びの楽しさを説明して、気分を高めてからはじめるとよいでしょう。

●水でっぽうは、花に水をやるときにもつかえますし、アイディア次第でゲームにも発展できます。

3歳 4歳 5歳

1 水の芸術家

遊び方

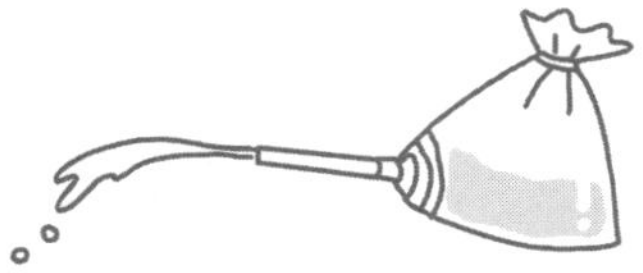

●インスタントの水でっぽう（ビニール袋に水を入れて先に穴を開ける。あらかじめつくっておく場合はストローを差しこんでセロハンテープで止めておくとよい）で、園庭に絵をかきましょう。

　1人でかいてもいいし、グループで大きな絵に挑戦してもいいですね。

応用

●保育者が高い所から子どもたちの絵を写真にとっておくとよい記念になります。

●暑い日にはすぐに乾いてしまうので、大きな絵の場合は、早くかくように声援をおくりましょう。

3歳 4歳 5歳

② 水でっぽうの電車道

遊び方

①水をたくさん入れた水でっぽうの穴の口をふさいで、園庭など広い場所にでます。
②「電車道つくるよー」といって、園庭に水の線路を引きます。
　ほかの子どもたちは電車になって、水の線の上を走って追いかけていきます。
●水がなくなったら、つぎの子と交代します。
●全員の水がなくなったら、「こんなに走ったよ」と、距離を確かめ、もう一度やりましょう。

応用

●チーム対抗で距離（どこまでいけるか）を競争しましょう。

③ 水でっぽうのシャワー

遊び方

①ビニール袋にえんぴつなどでたくさん穴をあけてシャワーごっこをしましょう。
●自分にかけてもいいし、友だちにかけてもらってもいい気持ちです。
●ぬれてもいい服装で遊びましょう。

応用

●大きな袋を保育者が持ち、みんなで下に入ってシャワーを浴びましょう。

4歳 5歳

4 射的屋さん

遊び方

①トイレットペーパーを20～30cm切り、端にセロハンテープで落ち葉を何枚か貼りつけておきます。

②インスタント水でっぽうを持ち、離れたところから①をめがけて水をとばして落ち葉を落とします。

●トイレットペーパーはぬれるとすぐに切れます。

応用

●葉に点数を書いておき、チーム対抗で点取りゲームをしても楽しいですよ。

4歳 5歳

5 ぶにょぶにょリレー

遊び方

①スーパーなどにある薄いビニール袋に水を入れて口をしばり、ぶにょぶにょしたボールをつくります。

②子どもたちは輪になり、ぶにょぶにょポールをとなりの子に渡していきます。落としてボールが割れたら、新しいボールをつくってまた続けます。

●ぶにょぶにょ感を楽しみましょう。

応用

●慣れてきたら、となりの子との間隔をあけ、軽くパスをしながらやってみましょう。

●ぶにょぶにょボールをバトンにして、リレーをしてみましょう。

おっとっと
ぶにょん
はいっ
ぶにょぶにょ
してたあ

3歳 4歳 5歳

6 見えないウナギをつかまえろ

遊び方

①かさ袋の中に水を入れ、口をしばってウナギをたくさんつくります。
②水を入れたビニールプールに①をたくさん浮かべ、保育者の合図でプールに入って、ウナギとり競争をしましょう。
●透明なので、水の中に入れると見えなくなります。

応用

●ウナギに油性ペンで顔やヒレをかいても楽しいですよ。

3歳 4歳 5歳

7 ウォーターベッド

遊び方

●かさ袋などに水を入れて、ビニールプールの中にたくさんしきつめ、その上でおひるねをしましょう。ひんやりしていい気持ちですよ。

応用

●空気を入れたかさ袋をたくさん並べ、空気ベットをつくってみましょう。
●春や秋は桜の花びらや落ち葉などをつめて、花や葉っぱのベッドをつくってみましょう。

わーい
きもちいいー
ボクもー
ぼよん
ぼよん
先生もはいりたいなー
いれて
いれて

4歳 5歳

8 ペットボトルの水出し競争

遊び方

①500mlのペットボトルに水を入れて逆さに持ち、スタートの合図で水をだす（空にする）競争しましょう。

●ペットボトルの水を回転させて渦巻きをつくると、早く流れ出ることなどを教えてあげましょう。

応用

●チームで協力し、1リットルのペットボトルに水を入れて水出し競争しましょう。ペットボトルが1本しかない場合は、タイムを計って競争しましよう。

9 占いコイン

4歳 5歳

遊び方

●ドングリやペットボトルのふたをコインがわりにたくさん集めておきます。

①ビニールプールやたらいに水を入れ、ヨーグルト容器やトレーなどを複数浮かべておきます。

②1mぐらい離れた場所に線を引き、順番にコインを投げこみ、たくさん入った子の勝ちとします。

●容器が沈んだものはアウトです。

応用

●いろいろな容器を用意し、それぞれに得点を決めておくと、点取りゲームができます。

●慣れてきたら、トレビの泉のように後ろ向きで投げ入れてみましょう。

4歳 5歳

⑩ ペットボトルの水くみリレー

遊び方

●ペットボトルとヨーグルトの容器（ペットボトルのふたでもよい）を用意します。何本か用意してチーム対抗でやってみましょう。

　ペットボトルを５mほど離れた場所におき、スタートラインから容器に水をくんでペットボトルに水をつぎ、リレーをしながら早くペットボトルいっぱいにしたチームが勝ちになります。

応用

●あらかじめチームごとに違う色の絵の具を入れておくときれいですよ。

バスの中の遊び

●動いているバスの中では、席を立ったり、ふざけたりしないよう、日ごろからきちんと注意しておくことが大切です。

●歌は、日ごろからみんなで練習しておくといいですね。園やクラスで決まった歌があるのなら、その歌を遊びの中に取り入れましょう。

●園バスは毎日のことですから、繰り返し遊んだり、順番を決めて遊べます。本書には、朝のあいさつなども紹介していますが、オリジナルのあいさつを考えてみましょう。

●別れるときは、元気に「また明日」といえるように、明るく楽しい気分でサヨナラしましょう。

●保育者は、みんなが大きな声で歌ったりあいさつできるように工夫しましょう。

4歳 5歳

1 バスガイドさんになろう

遊び方

①バスガイド役を決めます。

●最初は、保育者がお手本をみせてあげるといいですね。

②ガイドさんは、「右を向いてください。花が咲いています」「左に見えますのが信号です」などといって、みんなに車窓に見えるいろいろな風景やできごとを説明をしましょう。みんなはバスガイドさんのいうとおりに顔を動かして窓の外を見ます。

応用

●ガイド役の子は、歌をうたったり、クイズをだしてバスの中をもりあげましょう。

●慣れてきたら、「なんでもありません」とか「ただいまのは、首の運動でした」といってもいいでしょう。

はーい
どれどれ
左手をごらんくださーい
公園が見えてきましたー

4歳 5歳

② 持っているのはだーれ？

もっしもっしかめよ
かめさんよ
ひょい
ひょい
ひょい
ストップ!

遊び方

これが たから ものですよ

①オニが宝物（帽子でもハンカチでもなんでもいい）を決め、前の子に宝物を渡します。

●最初は保育者がオニになりましょう。

②オニは目かくしをするように前を向き、スタートの合図をします。

③子どもたちは、テンポのよい歌をうたいながら、つぎつぎに宝物を回していきます。

（例）『もしもしかめよ』の歌などがテンポがよくてもりあがりますよ。

④オニがストップの合図をしたら、動きを止め、宝物を持っていた子は手のひらやポケットにかくします。

⑤オニは、みんなの顔を見まわし、持っている子を当てます。外れたらもう一度、当たったら、その子の持ち物を宝物にしてまたゲームを続けましょう。

応用

●子どもがオニになって交代でやりましょう。

③ それはなーに?

4歳 5歳

遊び方

まるい たべもの…
?

①まず、保育者が「それはおいしいものです」と、ヒントをだします。

②子どもたちは、「それは生で食べますか?」「形は四角ですか?」「色は白いですか?」などと、順番に質問をし、保育者は「はい」「いいえ」としか答えません。

●答えが見つかるまで質問を続け、当てた子がつぎの問題をだします。

応用

●動物や人物(アニメなどのキャラクターでもよい)の答えカードをつくっておくと、答え合わせのときに使えて便利ですね。

4歳 5歳

4 しりとりリレー

遊び方

チーム

●となりの子と２人でチームをつくり、保育者のことばに続けてつぎつぎとしりとりをしましょう。

思いつかないときは、みんなも協力していっしょに考えましょう。

応用

●小さい子の場合には、保育者と子どもたちが交互にしりとりをしましょう。難しい場合は、なるべくヒントになるようなことばをだして長く続けましょう。

それは生で
食べられますか
はい
かたちは
しかく？
はい
色は
くろいですか
なんだろう…
いいえ

ネコと ネズミ
どっちが いいかな？
うーん
メ？
ハーイ
メガネ！
カメ！
「す」だって
スイカ！
さいしょは
バスの
『ス』

4歳 5歳

⑤ 2人で手拍子

遊び方

①となりの子と片手をつなぎます。もう片方の手と手を合わせてたたけるようにしておき、「手をたたきましょ　とんとんとん　とんとんとん」と歌いながら、『とんとんとん』でお互いの手をたたきます。

●たたく位置を前や上に変えてやってみましょう。

応用

●いろいろな歌に合わせたり、たたく速度を変えてやってみましょう。

とんとん とん ♪
とんとん とん ♪
手ーをーたーたーきーまーしょ ♪
先生 みてーっ
クロス

4歳 5歳

⑥ 力を合わせて

遊び方

①となりの子どうし肩を組みます。
②保育者は最前列のチームの子に、もの（帽子やふうせんなど）を渡します。
③子どもはお互いに空いている片手で持ち、頭ごしに送ります。
④後ろの子は同じように2人で受けとり、順々に送っていきます。後席まで着いたら、横の列に渡して前まで送って、保育者に渡します。

応用

●バスの座席が2列なら、2チームで競争してみましょう。

●バスが動いているときには危険ですから、出発するまでの時間待ちのときなどに遊びましょう。

4歳 5歳

7 ワンワン・チューチュー・コケコッコ

遊び方

①みんなでイヌ、ネズミ、ニワトリの鳴き声を練習します。
イヌ　ワンワン
ネズミ　チューチュー
ニワトリ　コケコッコ

②保育者は「手を１回たたいたら、イヌの鳴き声。２回たたいたらネズミ、3回たたいたらニワトリの鳴き声で鳴いてね」といってから、手をたたきます。

③子どもたちは、手拍子に合わせて鳴きまねをします。

●慣れてきたら、早くしたり、ゆっくりたたいたりして変化をつけてみましょう。

応用

●『もしもしかめよ』の歌に合わせてやってみましょう。
その場合は、手をたたくのではなく「もしもしイヌよイヌさんよー」など、口で動物の名前をいいましょう。
初めは、全員(イヌ・ネズミ・ニワトリそれぞれの鳴き声)で歌って、途中からチームごとに歌いましょう。
（例）ニワトリの場合なら、メロディーに合わせて「コケコケコッコ　コケコッコー」となります。

●小さい子の場合は、歌いやすい鳴き声の動物でやってみましょう。

バスの中の遊び

4歳 5歳

⑧ はなはなまねっこ

遊び方

①保育者は子どものほうを向き、自分の鼻の頭を指でトントンとつつきながら、「はなはなはなはな」と、リズムをとります。
②子どもたちが同じように、「はなはなはな」といいだしたら、「め!」「くち!」「みみ!」といってその部分をさし、子どもたちはすばやくまねをします。
③保育者は何度も繰り返し、何回か続けたら、わざと「め！」といって別の部分をさしたりします。

応用

●慣れてきたら、「おなか」「おしり」「ひざ」など、全身をつかって遊びましょう。
　ただし、この場合は、バスの中以外の場所でやるようにしましょう。

9 煮えたか焼けたか食べてみよう

遊び方

①保育者は子どもたちに、ごちそうする料理をいい、「食べたい人」と聞きます。
（例）お餅・魚・肉・ホットケーキなど、焼いたり煮たりするものにします。

②順番で食べる人を決め、そのごちそうが何分で煮える(焼ける)かを伝えます。
（例）「このホットケーキは1分で焼けまーす」

●遊ぶ前に目をつぶらせて、1分の長さを教えておきましょう。「いち・にぃ・さん」と数えてもいいですね。

③当てられた子は目をつぶり、煮えた(焼けた)と思うときに手をあげます。

④保育者は時間を計り、早すぎたら「生煮えよ」、遅ければ「煮えすぎよ」といい、ちょうどの場合は、「おいしくできたわ。めしあがれ」といい、子どもはおいしそうに「ぱくぱく」と食べるまねをします。

●生煮えの人も、煮えすぎの人もそれなりの食べ方で食べるまねをしましょう。

応用

●全員で目をつぶり、「時間当て」をしてみましょう。ぴったりと思った子は声を出さずに目を開けます。保育者は、時間になったら「はい」と手を打ちます。

4歳 5歳

⑩ みんなでつくるながーい話

遊び方

①保育者が話の出だし部分(オリジナルでもみんなが知っている昔話でもよい)を話し、続きを子どもたちに質問しながら、つぎつぎにお話をつなげていきます。

(例)『桃太郎』をベースにするなら、まず保育者が

「川から何かが流れてきました。何かしら?」

「もも!」

「そうね。このももはどうしたらいい?」

「たべるー!」……

などと、子どもの答えに合わせて、ストーリーをつなげていきます。

応用

●子どもたちとつくったお話を書きとめたり、絵本などにしてまとめておけば、オリジナルのお話集ができますよ。

●目的地についても終わらない場合は、帰路やつぎの日に続きをしてもいいでしょう。

『どんぶらこ〜〜と ながれてきました』 このもも はどうしたらいい?
たべるーっ
そのまえに 手をあらうの
『おばあさんはももを食べる前に手をあらいに行きました』 それから?
ももの中から 犬のなき声が したの!!

【バス待ちの遊び】　3歳 4歳 5歳

11 この石どっち？

遊び方

①片方の手のひらに小石(おはじき)をのせ、両手を見せてすばやく内側に回転させてどちらかの手に小石をかくします。
②にぎった両手をだして、「さぁ、どっちに入ってる?」と聞き、子どもたちに当てさせます。
● 2度目からは、フェイントをかけたり演技しながら楽しく遊びましょう。

応用

●慣れてきたら、子どもたちどうしでやってみましょう。

バスのりば
さぁ どっちの手に 入ってる?
わい わい
こっち!
もういっかい やって!
そっち!
わい
わい

【バス待ちの遊び】　4歳 5歳

⑫ 伝言あのね

遊び方

①１列になってバスを待っているとき、保育者は一番後ろの子どもに向かって「伝言しまーす」といい、最前列の子に耳打ちします。

②つぎつぎに伝言していき、最後尾の子まで届いたら、返事を今と逆順で保育者まで送り返していきます。

●答えがちぐはぐなら、「正しく伝わっていないようね」と、もう一度最初からやり直します。

応用

●何チームかに分かれ、保育者がだした長めの文を伝言していき、最後の子どもが保育者に伝えます。早く正解したチームの勝ちというゲームも楽しいですよ。

ちゃんと つたわってるかな
バスのりば
ボソボソ
おやつは バナナ
なにかな？

【乗降時の遊び】

4歳 5歳

13 変身なりきりごあいさつ

遊び方

●『なりきりカード』(p.93の型紙をつかいます)をつくっておき、その話し方を決めておきます。
(例) おすもうさん 「おはようでごんす」
忍者 「おはようでござる」
赤ちゃん 「おはようでちゅ」
ウルトラマン 「おはよう、シュワッチ!」
バスに乗るときや座ったときに、保育者の持っているカードを引き、カードにかかれているキャラクターになったつもりであいさつをします。
●1人ずつでもチームごとでも、全員一緒でもかまいません。ひととおりあいさつが終わったら、全員で大きな声であいさつをしましょう。

応用

●牛乳パックなどで『なりきりサイコロ』をつくっておき、サイコロをふって出たキャラクターのポーズで『変身なりきりごあいさつ』をしても楽しいですね。
この場合は、ポーズも一緒につけましょう。

【乗降時の遊び】

3歳 4歳 5歳

14 みんなでみんなで「おはようさん」

遊び方

●ぬいぐるみなどのマスコット人形(手づくりでもよい)を用意しておきます。

①全員席に着いたらはじめましょう。
保育者がマスコット人形に向かって「おはよう」と声をかけ、最前列の子に人形を渡します。
②受けとった子は、人形にあいさつをして、つぎの子に渡していきます。
③全員が人形とあいさつしたら、保育者が人形を持ち、全員で「おはようございます」と大きな声であいさつします。

応用

●園バスの場合なら、乗ってきた順にあいさつをして席につきましょう。
●遠足などの場合は、人形もいっしょに連れて行き、「楽しいね」など、言葉をかけてあげましょう。

【乗降時の遊び】

3歳 4歳 5歳

15 さよならハ・ヒ・フ・ヘ・ホ

遊び方

●席を立つ前は、保育者が子どもたちに向かって「元気に笑ってさよならしましょう。最初は『ハ』からね」といい、みんな一緒に「ハ・ハ・ハ・ハ・ハ」と笑います。

「つぎは『ヒ』ね」「ヒ・ヒ・ヒ・ヒ・ヒ」……と、『ホ』まで元気に笑います。

そして、最後に「最後はもっと元気に『ワ』で笑いましょう。ワッハッハツハ」と笑ってさよならします。

●時間のないときは、『ハ』と『ワ』だけでもいいですよ。

応用

●笑い方を１人ひとりかえたり、「月曜日は『ハ』で笑ってさよならね」と、曜日ごとにかえてもいいですね。

●口を押さえたり、おなかを押さえたりしながら、ポーズをつけてやってみましょう。

元気にさよならしましょう
ハハハハハ
ハハハハハ

3歳 4歳 5歳

16 ばいばいジャンプタッチ

遊び方

●保育者はバスから降りてくる子どもを待って、子どもといっしょに「さよなら三角また明日!」といって、「明日」のところでハイタッチをします。子どもは、ジャンプしてタッチします。

●子どもの背の高さに合わせて、手の位置をかえましょう。

応用

●全員でならんで、ハイタッチしながら「さよなら」しましょう。

●口を押さえたり、おなかを押さえたりしながら、ポーズをつけてやってみましょう。

さよなら
さんかく
また
あした！
パチン
ぴょん

草花遊び

お散歩の途中や園庭・公園などに咲いている身近な草花をつかって、アクセサリーをつくったり、草花遊びをしてみましょう。

タンポポ

●笛

①茎の両端を切って、切りこみを入れ片側を指先でつぶします。

②つぶした方をくちびるにはさんで吹きます。

☆長さをかえたものをたくさんつくってみましょう。
☆長さが違うと音も違うかな? ためしてみましょう。

●風車

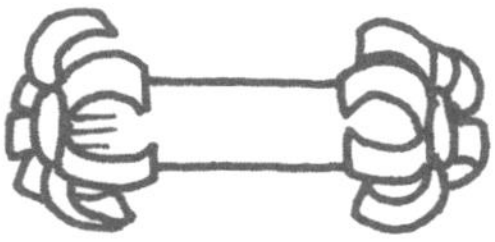

①茎の両端を切って、切りこみを入れます。

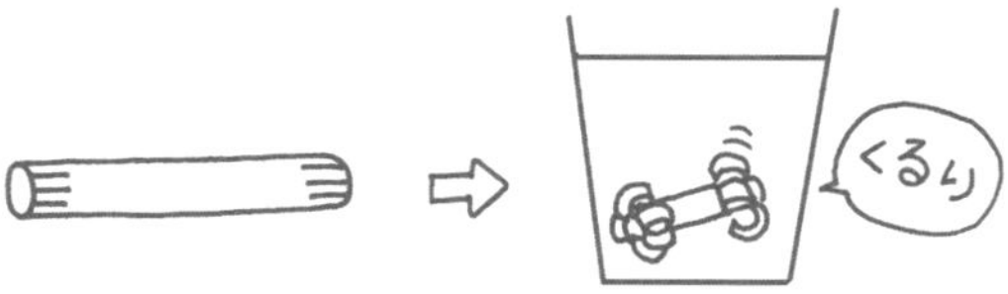

②水に入れると切りこみを入れた部分がクルリとそりかえります。

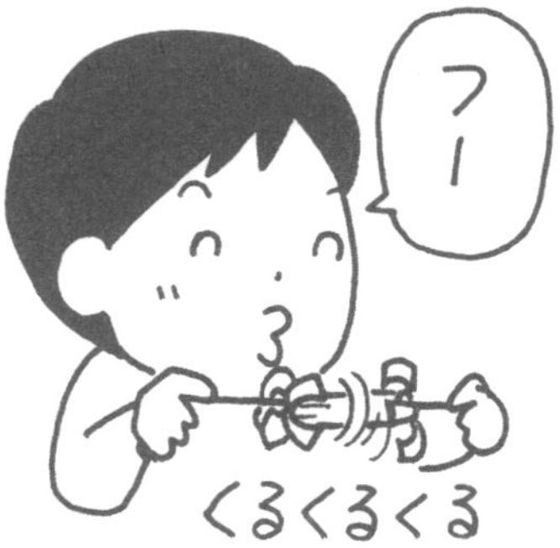

③竹ぐしなど、細い棒を通して吹くと、クルクルとよく回ります。

オオバコ

●オオバコのひっぱりっこ

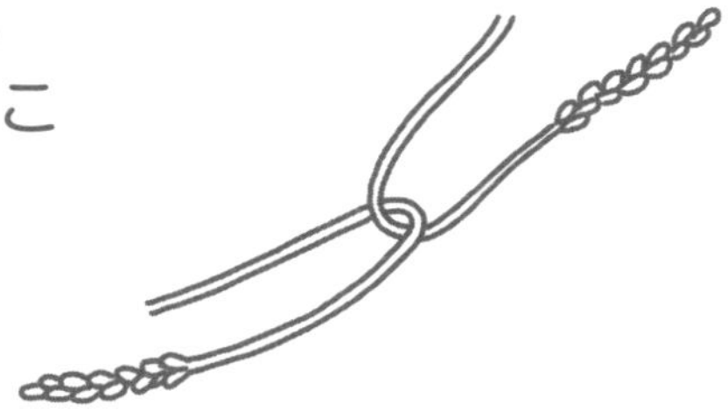

①花の茎を抜きとります。

②2つに折ってひっかけ、両側からひっぱりっこをし、ちぎれた方ほうが負けです。

ポイント
☆強くひっぱったり、弱くひっぱったり、力の入れ方を変えてみましょう。

レンゲソウ

●指輪

①花のすぐ下の部分につめで
切りこみを入れます。

②茎の端を切りこみにとおして、輪にします。

③ゆびの太さに合わせて
止めてできあがり。

●ブレスレット

①茎を2つにさきます。

②手首の太さに合わせて
巻きつけて止めればで
きあがり。

●イヤリング

茎をクルリと回して、
耳の大きさに合わせて
輪にして耳にかけます。

マツバ

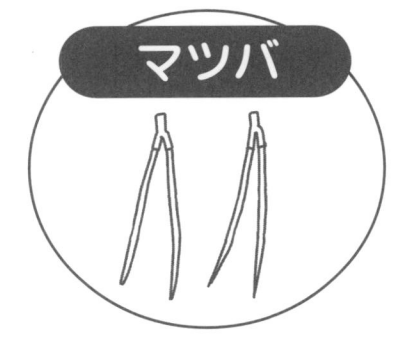

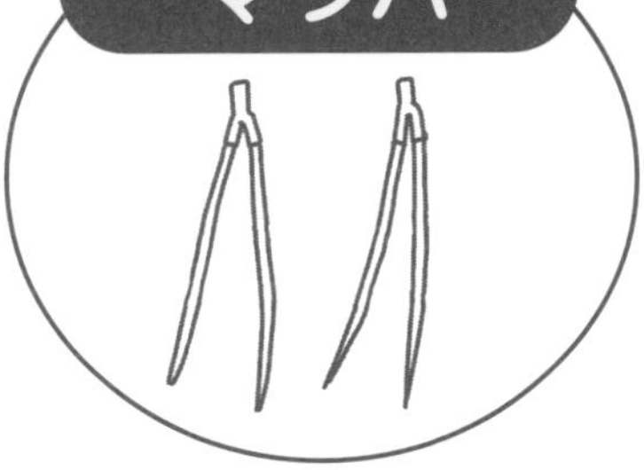

●マツバのすもう①

2本のマツバをからめて、お互いにひっぱり、
切れたほうが負けです。

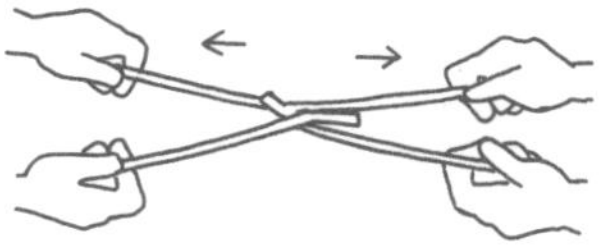

●マツバのすもう②

①マツバを束ねて、
輪ゴムやタたこ糸で
きつくしばります。

●マツバのすもう③

①3本のマツバを絵のように
組み合わせ、
馬をつくります。

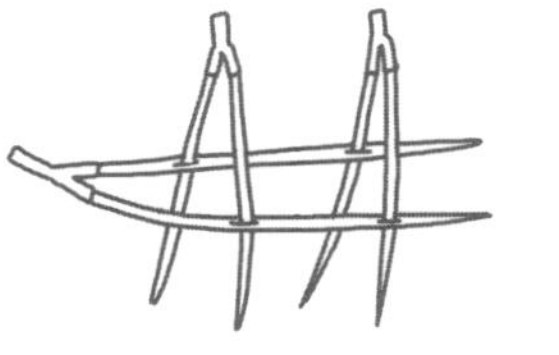

②空き箱などで土俵をつくり、
上にのせてトントンずもうをし
て遊びます。
②の束ねたマツバも同じように遊びます。

ドングリ

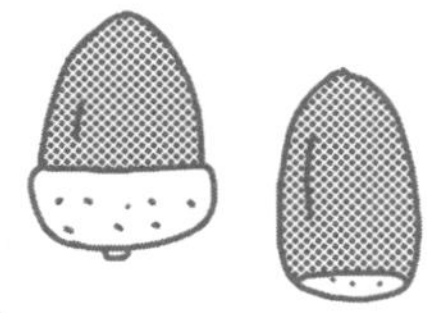

●こま

①キリで中心に穴をあけます。

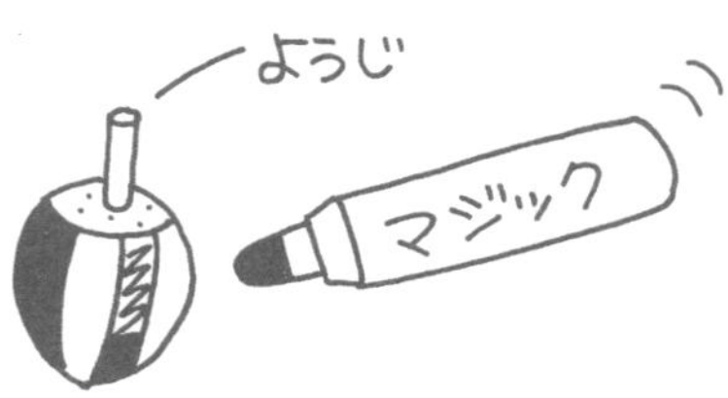

②穴にようじを差しこみます。
③マジックで色をぬったり、絵をかいてできあがり。

ポイント
☆穴が大きすぎたときは、木工用ボンドでとめましょう。
☆バランスが悪いときは、中心のようじを少しずつ動かしてみましょう。

●笛

①ドングリの頭をコンクリートなど、固い場所でこすります。

②くぎなどで中身をだします。

ポイント
☆つくる前にゆでておくと、工作しやすくなります。

●やじろべえ

①ドングリを3個用意します。

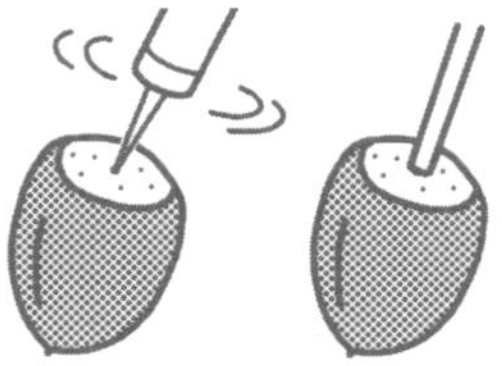

②絵のように、キリで穴をあけ、竹ひごを差しこみます。

ポイント
☆穴をあけるときは、保育者がやってあげましょう。

遊びに役立つ カード らくらくコピー用型紙

はがき大に拡大して厚紙などに貼れば、何度でもつかうことができます。
また、このカードにかかれた絵にこだわらず、子どもたちのかいた絵を
つかえば、さにら遊びの幅が広がりますね。

●p.13『虫・むし探検隊』でつかいます。

カブトムシ

クワガタ

チョウ

カマキリ

セミ

トンボ

※p.26『親子探しゲーム』
でもつかいます。

●p.20『ウサギ、カメ、ゴリラレース』でつかいます。

ウサギ

カメ

ゴリラ

ウサギ、ゴリラは※p.61『かくれんぼうかるた』でもつかいます。

●p.26『親子探しゲーム』でつかいます。

カエル

ニワトリ

●p.57『迷子のこねこちゃん探し』でつかいます。

ネコ

●p.61『かくれんぼうかるた』でつかいます。

パンダ

リス

バナナ

ニンジン

木の実

笹の葉

●p.84『変身なりきりごあいさつ』でつかいます。

おすもうさん

赤ちゃん

忍者

ウルトラマン風

あった!
いっぱい
あつまったぞ

編著者紹介

●

木村《きむら》　研《けん》

1949年　鳥取県生まれ

現在
児童文学作家　日本児童文学者協会会員
あめんぼ同人

著書

『一人でもやるぞ！　と旅に出た』『おねしょがなおるおまじない！』
『おしっこでるでる大さくせん！』（いずれも　草炎社）
『999ひきのきょうだい』『999ひきのおひっこし』（いずれも　ひさかたチャイルド）
『わすれんぼうのぽう』（草土文化）
『子育てをたのしむ手づくり絵本』『遊ばせ上手は子育て上手』（いずれも　ひとなる書房）
ゆびあそびシリーズ『⑤チラシであそぶ』『⑥割りばしであそぶ』
『⑦紙コップであそぶ』『⑧水であそぶ』（いずれも　星の環会）
『手づくりおもちゃ&遊び ワンダーランド』『室内遊び・ゲーム ワンダーランド』
『手づくりあみ機で楽しむ あみもの&プレゼントグッズ』
『こまった時の クラスと行事のための手づくりグッズ』
『まるごと牛乳パック リサイクル工作ランド』『準備いらずのクイック教室遊び』
『準備いらずのクイック外遊び』『教室でできるクイック5分間工作』
『バラエティーカット集①給食&保健カット』〈監修〉（いずれも　いかだ社）など

イラスト

●

藤田《ふじた》　章子《しょうこ》

1965年　山口県生まれ

現在
千葉市在住
日本児童教育専門学校絵本科卒
キャラクターデザインの他に漫画も手がける

著書

えほん「こねずみちったのあいうえお」（くんぷる）
コミック「天使じゃないのよ」（桐書房）
コミック「ホップステップナース」（桐書房）

編集
●
内田直子

ブックデザイン
●
渡辺美知子デザイン室

すぐできる！かんたん遊びを100倍楽しむ本

2005年3月12日第1刷発行
2006年3月12日第2刷発行

編著者●木村　研©
発行人●新沼光太郎
発行所●株式会社いかだ社
〒102-0072 東京都千代田区飯田橋2-4-10加島ビル
Tel.03-3234-5365　Fax.03-3234-5308
振替・00130-2-572993

印刷・製本　株式会社ミツワ

乱丁・落丁の場合はお取り換えいたします。
ISBN4-87051-155-X